ALLOCUTION

LE 10 MAI 1887

Par M. l'Abbé LACHÈVRE

Chanoine honoraire

A L'OCCASION DU MARIAGE DE

Monsieur Georges DEFOUGY

ET DE

Mademoiselle Léonie THUILLIER

ROUEN

IMPRIMERIE ESPÉRANCE CAGNIARD

rue Jeanne-Darc, 88

1887

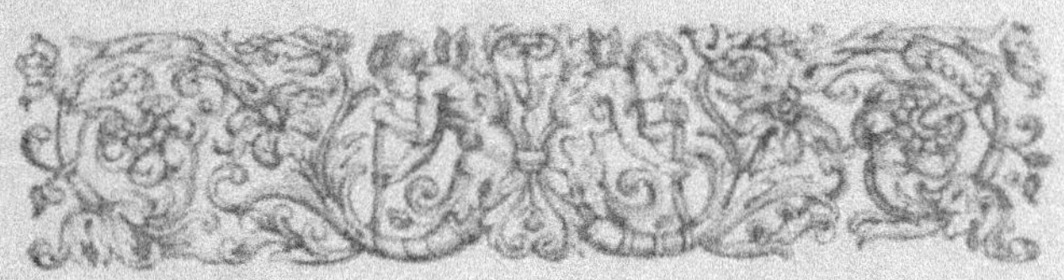

ALLOCUTION

PRONONCÉE PAR M. L'ABBÉ LACHÈVRE

Vous êtes, jeunes Époux, au moment le plus solennel de votre vie !

L'airain sacré chante votre bonheur. Les harmonies célestes vous acclament à votre entrée dans le temple saint, paré comme aux plus grands jours ! Vos amis sont là nombreux ; leur affluence témoigne des sympathies affectueuses qui entourent vos familles. L'émotion gagne tous les cœurs, le sourire est sur toutes les lèvres! C'est le bonheur dans son épanouissement le plus gracieux! Spectacle saisissant, la vie humaine en offre-t-elle de plus délicieux, de plus touchant? et comment y serais-je moi-même insensible ou indifférent, quand sous ces vêtements sacrés bat à l'unisson de tous les cœurs ici présents mon cœur de prêtre et d'ami tendrement dévoué?

Le Mariage est un état saint. N-S. J.-C. n'est point venu sur la terre pour changer ou détruire la nature, mais pour la réformer et la rétablir en l'état où le Créateur l'avait primitivement placée. Or, quelle institution porte plus sensiblement le caractère de la Divinité que le Mariage? Dieu, lui-même, forme les nœuds sacrés qui de deux personnes n'en font qu'une seule, par l'union intime des volontés et des cœurs, nœuds plus forts que ceux de la nature et du sang, puisque, au témoignage des divines Écritures, l'homme quittera les auteurs de ses jours pour s'attacher inviolablement à son Épouse. Ces liens, J.-C., loin de les rompre, les a resserrés plus fortement encore en établissant un sacrement destiné à les bénir et à répandre sur ceux qui s'y engagent les grâces nécessaires pour en remplir les obligations. Établie par Dieu dès l'état d'innocence, ratifiée après la chute de l'homme, sanctifiée dans l'Ancien Testament par les fidèles serviteurs de Dieu, cette union a été sous la loi nouvelle élevée par notre aimable Sauveur à la dignité de sacrement. « Union charmante de deux êtres se donnant l'un à l'autre au printemps de leur vie, sans réserve ni contrainte, pour cheminer ensemble ici-bas, avec l'espérance de se survivre plus tard, en des enfants tendrement aimés! »

Telles sont les gloires du Mariage, telles vos prérogatives. Puissiez-vous le comprendre, mieux encore l'expérimenter! Puissent vos cœurs s'unir plus étroitement encore à mesure que vous avancerez dans la vie! Tenez chaque jour et sans défaillance à ces engagements réciproques dont les saints autels, et, nous tous, serons bientôt les dépositaires fidèles!

Vous m'avez appelé, chère Enfant, à l'honneur de bénir votre union, en attirant sur elle, par mes prières, la consécration de l'Église, et sur votre âme les grâces du Ciel! Je ne pouvais hésiter : ne le dois-je pas à votre famille, à la confiance dont vous m'avez honoré depuis tant d'années, à mon propre cœur? Vous étiez naguére l'orgueil de la maison d'éducation qui vous reçut, et de vos pieuses maîtresses; plus tard je vous vis élever vers Dieu votre cœur sensible et délicat avec cette fermeté d'âme et cette docilité d'esprit qui vous caractérisent.

Aimante et dévouée, vous étiez l'ornement et le charme du foyer domestique. Ah! comprenez-vous pourquoi des larmes furtives se mêlent au sourire de votre père et de votre mère ? larmes brûlantes comme l'amour qui les produit, gage précieux de leur affection et du regret qu'ils ont de se séparer de vous. Ils sont heureusement assurés de vous confier à un cœur d'élite qui, les suppléant, réservera toujours pour lui seul les amertumes inséparables de la vie, et ne vous en fera connaître que les charmes et les douceurs.

Souvenez-vous souvent, souvenez-vous toujours, chère Enfant, du foyer béni de vos parents, où le bonheur règne absolument, fondé qu'il est sur les plus purs et les plus généreux sentiments de la foi.

Dieu vous récompense aujourd'hui en vous présentant à ce jeune homme dont l'éloge n'est plus à faire. L'amour filial dont il a entouré les siens vous promet une vie toute de dévouement, d'affection. Les dons heureux de son esprit, sa rare intelligence des affaires, les qualités de son cœur puisées au sein d'une famille honorable et honorée, vous sont un présage certain du bonheur qui vous attend.

Avancez donc sans crainte, laissant votre âme reconnaissante murmurer une prière au Ciel qui lui sourit.

Vous vivrez désormais sous l'abri d'un même toit, dans un même foyer; vos lèvres portées ensemble à la coupe des mêmes souffrances, se désaltérant aussi aux mêmes sources de bonheur! Je viens consacrer, bénir tout cela! Je bénis vos joies afin qu'elles se perpétuent! Je bénis vos peines, hélas inévitables! Que de nuages s'élèvent parfois à l'horizon le plus serein! que de jours calmes soudainement troublés par la tempête! quelle rose n'a pas ses épines! quel lac tranquille, ses tempêtes?

Que Dieu vous accorde la force et le courage chrétiens, alors si nécessaires!

Je bénis la fidélité que vous allez vous jurer, et cet anneau qui en est le gracieux emblème! ces vêtements, symbole de l'innocence qui doit marcher de pair avec le devoir ; vos deux cœurs surtout, afin qu'ils soient unis, et pour long-temps enlacés dans les liens de cette amitié sainte qui fait sur la terre le bonheur des époux vraiment chrétiens, en attendant les joies du Ciel, la patrie bien-aimée où les cœurs s'unissent pour ne jamais plus se séparer!

89

www.ingramcontent.com/pod-product-compliance
Lightning Source LLC
La Vergne TN
LVHW010922180726
843502LV00010B/4248